50 Batidos de Fisicoculturismo para Aumentar la Masa Muscular: Alto contenido de proteína en cada batido

Por

Joseph Correa

Nutricionista deportivo certificado

DERECHOS DE AUTOR

© 2016 Finibi Inc

Todos los derechos reservados

La reproducción o traducción total o parcial de este trabajo, más allá de los límites permitidos por la sección 107 o 108 del Acta de Derechos de 1976 de los Estados Unidos sin el permiso del propietario del copyright es ilegal.

Esta publicación fue diseñada con el propósito de brindar información precisa y autorizada en relación con la temática tratada. El material se comercializa con el entendimiento de que ni el autor ni el editor se encuentran comprometidos en la prestación de asistencia médica. Si necesita asistencia o asesoramiento médico, consulte con un médico. El presente contenido constituye solo una guía y no debe utilizarse de ninguna manera que pudiera perjudicar su salud. Consulte con un profesional médico antes de comenzar cualquiera de las prácticas de meditación o visualización que se muestran a continuación, con el objeto de asegurarse de que son actividades saludables para ti.

AGRADECIMIENTOS

La realización y el éxito de este libro no serían posibles sin la motivación y el apoyo de toda mi familia.

50 Batidos de Fisicoculturismo para Aumentar la Masa Muscular: Alto contenido de proteína en cada batido

Por

Joseph Correa

Nutricionista deportivo certificado

CONTENIDO

Derechos de autor

Agradecimientos

Sobre el autor

Introducción

50 Batidos de Fisicoculturismo para Aumentar la Masa Muscular: Alto contenido de proteína en cada batido

Otros grandes títulos de este autor

SOBRE EL AUTOR

Como nutricionista deportivo certificado, honestamente creo en los efectos positivos que puede tener la nutrición sobre el cuerpo y la mente. Mi conocimiento y mi experiencia me han ayudado a vivir más saludable a lo largo de los años y lo he compartido con familiares y amigos. Cuanto más sepas acerca de comer y beber saludablemente, más rápido cambiarás tu vida y hábitos alimenticios.

La nutrición es una parte clave en el proceso de estar sanos y sentirnos vivos, y puedes comenzar hoy mismo.

INTRODUCIÓN

50 Batidos de Fisicoculturismo para Aumentar la Masa Muscular te ayudará a incrementar la cantidad de proteínas que consumes por día para aumentar tu masa muscular. Estos batidos ayudarán a aumentarla de manera organizada, mediante la adición de porciones grandes y saludables de proteína a tu dieta. Estar demasiado ocupado para comer bien a veces puede convertirse en un problema, y es por ello que este libro te ahorrará tiempo y ayudará a nutrir tu cuerpo para lograr las metas que deseas. Asegúrate de saber lo que estás consumiendo preparándolo vos mismo o teniendo a alguien que lo haga por ti.

Este libro te ayudará a:

-Ganar músculo rápidamente.

-Ahorrar tiempo.

-Tener más energía.

-Entrenar más duro y por más tiempo.

-Acelerar naturalmente tu metabolismo para construir más músculo.

-Mejorar tu sistema digestivo.

Joseph Correa es un nutricionista deportivo certificado y atleta profesional.

50 BATIDOS PARA FISICOCULTURISTAS

Día 1

Desayuno: Batido todo en uno

Energía; batido para el aumento de masa muscular.

Preparación:

Disfruta de un delicioso batido y mezcla todos los ingredientes en una juguera o licuadora a alta velocidad.

Todos sabemos lo difícil que es ganar masamuscular; siempre necesitamos ayuda con este problema. Así que aquí tienes una gran sacudida para mejorar la ganancia de masa muscular y también fortalecer el cuerpo. Puedes beberlo en cualquier momento del día, pero la sugerencia es en el desayuno.

Ingredientes:

- Leche: 400 ml
- 2 cucharadas de proteína de suero de leche en polvo
- 2 plátanos (140gr)
- Aceite de almendra : 2 cucharadas
- 1 manzana

Información nutricional:

• Calorías: 443

• Proteínas: 32,5 gr

• Carbohidratos: 45 gr

• Grasas: 16 gr

Día 2

Almuerzo: Toma un buen batido

Batido para ganar masa muscular.

Preparación:

Disfruta de un delicioso batido y mezcla todos los ingredientes en una juguera o licuadora a alta velocidad.

Comer en grande para obtener en grande es el secreto para construir buenas cantidades de masa muscular, basada principalmente en un alto porcentaje de proteína. Para llegar a esa meta tienes que poner mucho esfuerzo y comer bien, aquí tienes un gran batido para ayudarte con esto.

Ingredientes:

- Leche de almendras sin azúcar: ½ taza
- 2 cucharadas jarabe de arce
- 2 bananas congeladas
- 1 cucharada de polvo de proteína de suero de leche
- 3 cucharadas de mantequilla de almendras

Información nutricional:

- Calorías: 830

- Total de grasa: 30 gr (grasa saludable de mantequilla de almendras)

- Carbohidratos: 115 gr

- Fibra: 14gr

- Carbohidratos: 101 gr

- Libre de gluten

- Proteína: 46 gr

Día 3

Desayuno: Batido sin polvo

Batido para ganar masa muscular

Preparación:

Disfruta de un delicioso batido mezclando todos los ingredientes en una juguera o licuadora a alta velocidad.

Obtén el máximo provecho de tu batido con esta gran receta. Si tienes poco tiempo, y sin embargo deseas alcanzar tu cuota nutricional, esta deliciosa bebida está lista en menos de un minuto. Tu cuerpo necesita un batido "súper" rico de proteínas para los músculos que te de un buen equilibrio de hidratos de carbono y proteínas, y qué mejor manera que hacerlo con esta mezcla de ingredientes.

Ingredientes:

- 2 cucharadas de aceite de almendras
- 2 cucharadas de mantequilla de maní
- 1 ½ cucharadita de miel
- 1 banana mediana
- 2 tazas leche
- 2 cucharadas de proteína de suero de leche

Información nutricional:

- Calorías: 601

- Proteína: 49 gr

- Carbohidratos: 63 gr

- Grasa: 25 gr

Día 4

Desayuno: Batido proteico de café

Batido para ganar masa muscular

Preparación:

Disfruta de un delicioso batido mezclando todos los ingredientes en una juguera o licuadora a alta velocidad.

Esta receta de batido se hace en segundos y es muy sabrosa. Asegúrate de utilizar todos los ingredientes, mézclalos bien y sírvelo después de una sesión de entrenamiento. Ganar masa muscular es una de las cosas más difíciles de conseguir en el gimnasio, así que cualquier ayuda que puedas obtener definitivamente valdrá la pena el esfuerzo.

Ingredientes:

- 2 cucharadas de proteína de suero en polvo

- 8 onzas de café

- 8 onzas 2% leche

- 2 cucharadas de crema de caramelo

Información nutricional:

- Calorías: 398

- Proteína: 58,4 gr
- Carbohidratos: 13,4 gr
- Grasas: 6,4 gr

Día 5

Desayuno: Abundante batido proteico de mantequilla de maní

Batido para ganar masa muscular

Preparación:

Disfruta de un delicioso batido mezclando todos los ingredientes en una juguera o licuadora a alta velocidad.

Esta receta de batido es importante para mejorar tu rendimiento en el gimnasio y aumentar el crecimiento muscular. Coloca los ingredientes en una licuadora hasta que quede suave. También puedes usar leche y mantequilla de maní adicional para hacer de esta receta una gran oportunidad de obtener calorías proteicas.

Ingredientes:

- 8 onzas de leche descremada
- 1 banana
- 1 cucharada de mantequilla de maní
- 2 cucharadas de polvo de proteína de suero de leche

Información nutricional:

- Calorías 498

- Proteínas: 58 gr

- Carbohidratos: 44,1 gr

- Grasas: 11 gr

Día 6

Desayuno: Súper desayuno rosa.

Batido para ganar masa muscular

Preparación:

Disfruta de un delicioso batido mezclando todos los ingredientes en una juguera o licuadora a alta velocidad.

Cuando se trata de aumentar rápidamente de peso, es más importante consumir la cantidad correcta de calorías con una proporción adecuada de carbohidratos para tener energía suficiente para conformar masa muscular en forma proteica.

Ingredientes:

- ¾ taza congelado orgánico de frambuesas
- ½ banana pequeña
- 1 cucharada polvo de proteína de suero de leche
- ½ cucharada manteca de coco cruda
- 5 gr de glutamina
- 1 taza de agua de manantial

Información Nutricional:

- Calorías: 268
- Proteínas: 16,5 gr
- Carbohidratos: 44,5 gr
- Grasas: 6,7 gr

Día 7

Desayuno: Batido proteico de banana

Batido para ganar masa muscular

Las proteínas son los nutrientes más importantes para el crecimiento muscular. Aseguran el funcionamiento correcto del organismo. Para los practicantes del fisicoculturismo permite tener masa muscular más abundante, por supuesto, siguiendo una formación adecuada y con una dieta sana. Este es fácil de preparar y rico en proteínas.

Preparación:

Disfrutar de un delicioso batido mezclando todos los ingredientes en una juguera o licuadora a alta velocidad.

Ingredientes:

- 8 onzas de leche descremada
- 1 plátano
- ½ taza de avena
- 2 cucharadas de polvo de proteína de suero de leche

Información nutricional:

- Calorías: 554

- Proteína: 58gr

- Carbohidratos: 67,5 gr

- Grasas: 6 gr

Día 8

Desayuno: Batido proteico de bayas y banana

Batido para ganar masa muscular

Este es un excelente batido para ganar fuerza y masa en un corto periodo de tiempo, rápidamente. Es sano, natural e impactará en tu rutina de gimnasio. Asique vamos a ver los ingredientes y todo lo que tiene para ofrecerte.

Preparación:

Disfrutar de un delicioso batido mezclando todos los ingredientes en una juguera o licuadora a alta velocidad.

Ingredientes:

- 12 onzas de agua
- 4 cubos de hielo
- 1 plátano
- 2 cucharadas de proteína de suero

Información nutricional:

- Calorías: 314

- Proteína: 45,1 gr

- Carbohidratos: 32,1 gr

- Grasas: 2.4 gr

Día 9

Desayuno: Deseo de almendra y banana

Batido para ganar masa muscular

Aumenta la masa muscular con esta receta de batido, y luego simplemente observa tu progreso el día después de haber iniciado a beberlo para ver si ayudó a tu rendimiento. Incluso puedes prepararlo una noche antes de beberlo para hacer que todos los ingredientes combinen mejor.

Preparación:

Disfruta de un delicioso batido mezclando todos los ingredientes en una juguera o licuadora a alta velocidad.

Ingredientes:

- 1 banana congelada
- 1 taza de yogurt
- 100 ml de agua fría con hielo
- 1 onza de almendras
- 1 taza de harina de avena cruda

Información Nutricional:

- Calorías: 650

- Proteínas: 53 gr
- Carbohidratos: 75 gr
- Grasas: 15 gr

Día 10

Almuerzo: Batido proteico de canela

Batido para ganar masa muscular

Sigue esta receta de batido para aumentar masa muscular, con una baja ingesta de grasa. Puedes beberlo en cualquier momento del día.

Preparación:

Disfruta de un delicioso batido y mezcla todos los ingredientes en una juguera o licuadora a alta velocidad.

Ingredientes:

- 1 taza de leche descremada
- 1 banana congelada
- 1 cucharada de proteína de suero de leche en polvo
- 1 cucharada de mantequilla de maní

Información nutricional:

- Calorías: 391
- Proteína: 38gr
- Carbohidratos: 42,1 gr
- Grasas: 10gr

Día 11

Desayuno: Batido Fuerte

Batido para ganar masa muscular

Esta es una receta de un excelente batido que te dará un gran impulso de energía y también ayudará a incrementar tu desarrollo muscular. Así que prepárate para una gran experiencia que mejorará tus sesiones de gimnasio.

Preparación:

Disfruta de un delicioso batido y mezcla todos los ingredientes en una juguera o licuadora a alta velocidad.

Ingredientes:

- 10-14 onzas de agua pura
- 1/2 taza de almendras crudas
- 1/2 banana congelada grande
- 2 cucharadas de polvo de proteína de suero de leche

Información nutricional:

- Calorías: 380
- Proteínas: 75 gr

- Carbohidratos: 57 gr
- Grasas: 15 gr

Día 12

Desayuno: Batido Energía Extrema

Batido para ganar masa muscular

Si estabas buscando algo para obtener energía extra y también mejorar tu crecimiento muscular debes tener en cuenta esta receta. Este batido está lleno de ingredientes saludables. Es sabido que el té verde puede prevenir el cáncer y las semillas de lino proporcionan una buena porción de omega 3, que es importante para el desarrollo de tu cuerpo.

Preparación:

Disfruta de un delicioso batido y mezcla todos los ingredientes en una juguera o licuadora a alta velocidad.

Ingredientes:

- 10 onzas de agua pura
- 10 fresas (frescas o congeladas)
- 1 cucharada de aceite de semilla de lino
- 1/2 cucharadita polvo de té verde
- 1/2 cucharadita de extracto de vainilla
- 1 cucharada de proteína de suero de leche en polvo

Información Nutricional:

- Calorías: 420
- Proteínas: 50 gr
- Carbohidratos: 42 gr
- Grasas: 17 gr

Día 13

Almuerzo: Batido de melocotón

Batido para ganar masa muscular

Los melocotones en este batido dan mucho sabor y el queso es una excelente fuente de proteína, además de ser fácil de digerir. La mañana es el mejor momento del día para beber este batido, pero tú puedes beberlo en cualquier momento.

Preparación:

Disfruta de un delicioso batido y mezcla todos los ingredientes en una juguera o licuadora a alta velocidad.

Ingredientes:

- 8 onzas de agua pura
- 1 melocotón maduro
- 2 cucharada de queso bajo en grasa
- Azúcar morena
- 1,5 cucharada de polvo de proteína de suero de leche

Información Nutricional:

- Calorías: 250

- Proteínas: 40 gr
- Carbohidratos: 21 gr
- Grasa: 8 gr

Día 14

Desayuno: Batido de arándanos

Batido para ganar masa muscular

Vamos a comenzar el día con un excelente batido que mantendrá tus niveles de energía altos y proporcionará la ingesta de proteínas requeridas, por lo que puedes aumentar más músculo en un periodo de tiempo más corto. Los arándanos son conocidos por ser grandes antioxidantes y ayudan a prevenir el cáncer.

Preparación:

Disfruta de un delicioso batido y mezcla todos los ingredientes en una juguera o licuadora a alta velocidad.

Ingredientes:

- 10 onzas de agua pura
- 1/2 taza arándanos frescos o congelados
- 1,5 cucharadas polvo de proteína de suero de leche
- 2 cucharaditas de aceite de semilla de lino

Información Nutricional:

- Calorías: 210
- Proteínas: 39 gr

- Carbohidratos: 22 gr

- Grasa: 4 gr

Día 15

Desayuno: Batido de fresas

Batido para ganar masa muscular

Cuando se trata del crecimiento de masa muscular no hay mejor manera que el uso de batidos, por eso debes degustar esta receta de deliciosa, gracias a la combinación de fresas y queso cottage.

Preparación:

Disfruta de un delicioso batido y mezcla todos los ingredientes en una juguera o licuadora a alta velocidad.

Ingredientes:

- 10 onzas de agua pura
- 8 fresas congeladas
- 4 cucharadas de queso bajo en grasa
- 1,5 cucharadas de polvo de proteína de suero de leche

Información Nutricional

- Calorías: 310
- Proteínas: 51 gr
- Carbohidratos: 27 gr
- Grasas: 7 gr

Día 16

Desayuno: Batido Delicia de Banana

Batido para ganar masa muscular

Combina los siguientes ingredientes para obtener un batido alto en omega 3 y rico en potasio para ayudar a aumentar tu masa muscular, y también mantener un cuerpo saludable.

Preparación:

Disfruta de un delicioso batido y mezcla todos los ingredientes en una juguera o licuadora a alta velocidad.

Ingredientes:

- 8 onzas de agua pura
- 1/2 banana (congelada)
- 2 cucharadas de polvo de proteína de suero de leche
- 2 cucharaditas aceite de semilla de lino

Información nutricional:

- Calorías: 350
- Proteínas: 65 gr
- Carbohidratos: 29 gr
- Grasa: 9 gr

Día 17

Desayuno: Batido de Piña

Batido para ganar masa muscular

Prueba esta increíble receta de batido que es bien conocida por los resultados rápidos y su delicioso sabor. Es perfecto para ayudar a aumentar la masa muscular y tendrá un fuerte efecto sobre el sistema inmunológico.

Preparación:

Disfruta de un delicioso batido y mezcla todos los ingredientes en una juguera o licuadora a alta velocidad.

Ingredientes:

- 1 taza de jugo de piña
- 3 frutillas
- 1 banana
- 1 cucharadita de yogurt
- 1 cucharada de polvo de proteína de suero de leche

Información nutricional:

- Calorías: 340

- Proteínas: 63 gr

- Carbohidratos: 27 gr

- Grasa: 10 gr

Día 18

Desayuno: Batido muscular

Batido para ganar masa muscular

¿Tienes problemas para conseguir músculos más grandes? Si la respuesta es afirmativa, deberías probar esta receta de batido que traerá resultados inmediatos en tu rendimiento y energía durante todo el día.

Preparación:

Disfruta de un delicioso batido y mezcla todos los ingredientes en una juguera o licuadora a alta velocidad.

Ingredientes:

- 1 cucharada de leche de bajo contenido de grasa
- 1/2 cucharada de yogurt natural de bajo contenido de grasa
- 1 banana cortada
- 2 cucharadas de polvo de proteína de suero de leche
- 6 fresas, en rodajas
- 1 cucharadita de germen de trigo
- 1 cucharada de miel o jarabe de arce
- 1/4 de taza de bayas congeladas

- Pizca de nuez moscada o algarroba en polvo

Información nutricional:

- Calorías: 600
- Proteínas: 70 gr
- Carbohidratos: 54 gr
- Grasa: 15 gr

Día 19

Desayuno: Batido de avena

Batido para ganar masa muscular

Esta es una receta que otorga buena agilidad para aumentar masa muscular y proteger tu corazón. Te ayudará a permanecer activo durante todo el día. ¡Ve por él!

Preparación:

Disfruta de un delicioso batido y mezcla todos los ingredientes en una juguera o licuadora a alta velocidad

Ingredientes:

- 2 cucharadas de polvo de proteína de suero de leche
- 1 taza de helado de vainilla sin azúcar
- 1 taza de avena
- 2 tazas de leche descremada
- 1/2 taza de agua
- Un chorrito de extracto de menta

Información nutricional:

- Calorías: 621

- Proteínas: 65 gr

- Carbohidratos: 58 gr

- Grasas: 22 gr

Día 20

Almuerzo: Batido Tropical

Batido para gana masa muscular

Este es uno de los más deliciosos batidos que he probado y estoy seguro de que lo disfrutarás. La mezcla de banana, piña y coco le da un sabor tropical que va ir bien en la mañana o la media mañana. Los plátanos no tienen que ser congelados, pueden ser a temperatura ambiente pero algunas personas prefieren que sea frío si recién acaban de trabajar.

Preparación:

Disfruta de un delicioso batido y mezcla todos los ingredientes en una juguera o licuadora a alta velocidad

Ingredientes:

- 8 onzas de agua pura
- 1/2 cucharadita de extracto de piña
- 1/2 cucharadita de extracto de coco
- 1 cucharada de queso cottage
- 1/2 banana congelada

Información nutricional:

• Calorías: 540

• Proteínas: 25 gr

• Carbohidratos: 43 gr

• Grasas: 17 gr

Día 21

Almuerzo: Batido de frutas

Batido para ganar masa muscular

La proteína es la clave del crecimiento y la recuperación muscular. Asegúrate de probar este batido en cualquier momento del día. Esta bebida de bayas tiene muchas cualidades antioxidantes que te beneficiarán, evitando enfermedades y con efecto anti-edad. Puede ser muy importante cuando no puedes permitirte tomar descansos del trabajo.

Preparación:

Disfruta de un delicioso batido y mezcla todos los ingredientes en una juguera o licuadora a alta velocidad

Ingredientes:

- 2 cucharadas de polvo de proteína de leche
- 4 fresas grandes
- Arándanos (un puñado)
- Agua (sólo unas gotas)
- 3 huevos

Información nutricional:

- Calorías: 470

- Proteínas: 45 gr
- Carbohidratos: 39 gr
- Grasa: 15 gr

Día 22

Desayuno: Batido delicioso de tarta de manzanas

Batido para ganar masa muscular

Los atletas que consumen más proteínas aumentansu masa muscular en mayor cantidad que las personas sedentarias, porque maximizan el potencial de crecimiento.Asegúrate entonces, de añadir este batido justo antes o justo después de una sesión de entrenamiento. La mezcla de sabores de manzana, canela y nuez moscada le dan un sabor original que no encontrarás comúnmente en otros batidos.

Preparación:

Disfruta de un delicioso batido y mezcla todos los ingredientes en una juguera o licuadora a alta velocidad

Ingredientes:

- 1 cucharada de polvo de proteína de suero de leche
- 1 manzana pelada, cortada en trozos
- 1 1/2 tazas de leche
- 1/2 cucharadita de canela
- 1/2 cucharadita de nuez moscada
- 5 cubos de hielo

Información Nutricional:

- Calorías: 350
- Proteínas: 35 gr
- Carbohidratos: 21 gr
- Grasa: 10 gr

Día 23

Desayuno: Batido de calabazas

Batido bajo en carbohidratos

Aquí tienes un batido que además es una gran fuente de proteína y proporciona un alto nivel de energía durante todo el día. El aceite de linaza y el yogurt le proporcionan varios componentespara el funcionamiento general de tu organismo y ayuda a impulsar también tus niveles de calcio y omega 3.

Preparación:

Disfruta de un delicioso batido y mezcla todos los ingredientes en una juguera o licuadora a alta velocidad.

Ingredientes:

- 2 cucharadas leche proteína en polvo
- 8 onzas de agua
- 1 cucharada de aceite de lino
- 1 cucharadita de especia de calabaza
- 8 onzas de yogurt
- 4-6 cubos de hielo

Información Nutricional:

- Calorías: 300
- Proteínas: 40 gr
- Carbohidratos: 26 gr
- Grasas: 11 gr

Día 24

Desayuno: Batido de Canela

Batido para ganar masa muscular

Este batido debe consumirse temprano en la mañana, antes de una sesión de entrenamiento, ya que es un proveedor de buena energía y también ayudará a trabajar en la recuperación muscular.

Preparación:

Disfruta de un delicioso batido y mezcla todos los ingredientes en una juguera o licuadora a alta velocidad.

Ingredientes:

- 1 galleta
- 1/2 cucharadita de canela
- Extracto de vainilla
- 12 onzas de agua
- 4 cubos de hielo

Información nutricional:

- Calorías: 280
- Proteínas: 10 gr

- Carbohidratos: 15 gr
- Grasa: 5 gr

Día 25

Desayuno: Batido de banana y mantequilla de maní

Batido para ganar masa muscular

La mantequilla de maní es una gran fuente de proteína y energía. Muchos atletas la utilizan como fuente principal de energía antes de entrenar o antes de competir. El contenido de almendra y plátano mejoran el sabor y lo hacen más digestivo.

Preparación:

Disfruta de un delicioso batido y mezcla todos los ingredientes en una juguera o licuadora a alta velocidad.

Ingredientes:

- 2 cucharadas de proteína de suero de leche en polvo
- 100g de almendras rebanadas
- 1 cucharada de mantequilla de maní
- 500ml de leche descremada
- Medio plátano
- 1 cuchara de miel de mesa

Información nutricional:

- Calorías: 600

- Proteínas: 55 gr
- Carbohidratos: 35 gr
- Grasa: 10 gr

Día 26

Desayuno: Batido Súper Mezcla

Batido para ganar masa muscular

Dependiendo de tu metabolismo, podrás adaptarte a algunos batidos en mejor forma que otros. Para aquellos de ustedes que prefieren un sabor más dulce en sus batidos, esta es una buena opción. Puedes adaptar ciertos ingredientes para cambiar el sabor de tu preferencia como el caramelo, avellanas o yogurt de vainilla.

Preparación:

Disfruta de un delicioso batido y mezcla todos los ingredientes en una juguera o licuadora a alta velocidad.

Ingredientes:

- 10 cubos de hielo
- 12 onzas de leche descremada
- 2 cucharadas de grasa vainilla, yogur o kéfir
- 1 cucharada mantequilla de maní reducida en grasa
- 2 cucharadas de avellanas
- 1 cucharada de helado de caramelo relleno

Información nutricional:

- Calorías: 430
- Proteínas: 23 gr
- Carbohidratos: 20 gr
- Grasas: 11 gr

Día 27

Desayuno: Batido magro de banana

Batido para ganar masa muscular

Las personas que se adhieren a una dieta o rutina para el enriquecimiento de la masa muscular, podrá notar mayores mejorías sumando batidos con el mismo fin, debido a la rapidez con que se preparan y la facilidad con el cuerpo absorbe las proteínas y nutrientes.

Preparación:

Disfruta de un delicioso batido y mezcla todos los ingredientes en una juguera o licuadora a alta velocidad.

Ingredientes:

- ½ banana congelada
- 2 cucharadas de nata (crema de leche, no industrial)
- 2 huevos
- 10-12 onzas de agua
- 4-6 cubos de hielo

Información nutricional:

- Calorías: 320

- Proteínas: 18 gr
- Carbohidratos: 15 gr
- Grasas: 9 gr

Día 28

Almuerzo: Batido Dulce Impulso

Batido para ganar masa muscular

Aquí tienes un gran ejemplo de una receta de batido que tiene gran diversidad de ingredientes, y que combinados son una gran fuente de proteínas que aumentará tu rendimiento en el gimnasio.

Preparación:

Disfruta de un delicioso batido y mezcla todos los ingredientes en una juguera o licuadora a alta velocidad.

Ingredientes:

- ½ Banana grande
- 8 onzas de leche baja en grasas
- 1 cucharada linaza mezclada con almendra
- 1 cucharadita de jarabe de arce
- Algunas gotas de extracto de esencia de vainilla
- 3-4 cubos de hielo
- 1 cucharada natural descremado

Información nutricional:

- Calorías: 450
- Proteínas: 19g
- Carbohidratos: 16g
- Grasa: 10g

Día 29

Desayuno: Batido de naranja

Batido para ganar masa muscular

Vamos a empezar el día con un impresionante batido para potenciar nuestro sistema inmunológico y ayudar a aumentar la masa muscular. Esta receta es alta en vitamina C y potasio, debido a las fresas y el zumo de naranja, que también permitirá que tus músculos se recuperen más rápido.

Preparación:

Disfruta de un delicioso batido y mezcla todos los ingredientes en una juguera o licuadora a alta velocidad.

Ingredientes:

- 8 onzas de zumo de naranja
- 4-5 cubitos de hielo
- 1 cucharadita de extracto de vainilla
- ½ plátano
- 2-3 fresas congeladas
- 2 cucharas de miel

Inormación nutricional:

- Calorías: 291
- Proteínas: 15 gr
- Carbohidratos: 12 gr
- Grasa: 5 gr

Día 30

Desayuno: Batido Explosión de almendra

Batido para ganar masa muscular

Luego de este batido tendrás una mejor digestión gracias a las pasas, las almendras y la mantequilla de maní. Las pasas le dan un gran sabor y la avena le da una textura diferente de otros batidos.

Preparación:

Disfruta de un delicioso batido y mezcla todos los ingredientes en una juguera o licuadora a alta velocidad.

Ingredientes:

- 10-12 onzas de leche descremada
- 1/2 taza de avena cruda
- 1/2 taza de pasas de uva
- 12 almendras ralladas
- 1 cucharada de mantequilla de maní.

Información Nutricional:

- Calorías: 380
- Proteínas: 18 gr

- Carbohidratos: 15 gr
- Grasas: 12 gr

Día 31

Desayuno: Batido salvaje de bayas

Batido para ganar masa muscular

Las frambuesas son conocidas por su alto contenido en vitamina C y antioxidantes, que muchos profesionales médicos sugieren como complemento contra el cáncer dentro del consumo de alimentos diarios. Es la mezcla perfecta para aquellos que quieren ganar masa muscular y fuerza. Puedes reemplazar una merienda normal con esta bebida sana, que no es muy alta en proteína pero te ayudará a tomar un descanso de todos los otros batidos híper proteicos que ingieres diariamente.

Preparación:

Disfruta de un delicioso batido y mezcla todos los ingredientes en una juguera o licuadora a alta velocidad.

Ingredientes:

- 8 frambuesas
- 4 fresas
- 15 arándanos
- 16 onzas de leche descremada
- 1/2 taza de cubos de hielo

Información nutricional:

- Calorías: 210
- Proteínas: 9 gr
- Carbohidratos: 10 gr
- Grasa: 8 gr

Día 32

Desayuno: Batido de banana y maní

Batido para ganar masa muscular

En términos nutricionales, este batido es rico en proteínas magras y carbohidratos complejos, para aumentar la recuperación y crecimiento muscular. También te dará un impulso de energía durante tu entrenamiento si lo bebes media hora antes.

Preparación:

Disfruta de un delicioso batido y mezcla todos los ingredientes en una juguera o licuadora a alta velocidad.

Ingredients:

- ½ taza de maní
- 1/2 banana
- 1 taza de leche descremada
- 1/4 taza de avena Quaker
- 2 cubos de hielo
- Pizca de sal

Información nutricional:

- Calorías: 230
- Proteínas: 18 gr
- Carbohidratos: 12 gr
- Grasa: 5 gr

Día 33

Desayuno: Batido de zanahorias y piña

Batido para ganar masa muscular

Este batido puede verse un poco extraño para ti, pero créeme que es muy bueno para tu cuerpo. Puedes eliminar o bajar las porciones de algunos de los ingredientes dependiendo de tu preferencia, ya que esta combinación es muy diferente a las demás.

Preparación:

Disfruta de un delicioso batido y mezcla todos los ingredientes en una juguera o licuadora a alta velocidad.

Ingredientes:

- 1 taza de chocolate con leche
- 3/4 taza de zanahoria rallada
- 10 trozos de piña congelados
- 2 cucharadas de coco rallado sin azúcar
- 1 cucharadita de vainilla
- 1 cucharadita de crema dulce
- 4 onzas de queso crema o queso Neufchatel

Información nutricional:

- Calorías: 220
- Proteínas: 21 gr
- Carbohidratos: 13 gr
- Grasa: 13 gr

Día 34

Almuerzo: Batido de calabazas

Batido para ganar masa muscular

Una gran receta de batido para ayudarte a aumentar tu masa muscular y fuerza, con un sabor muy singular que lo hará divertido para beber mientras consumes una cantidad decente de proteínas. Es el suplemento perfecto para la recuperación muscular y ganancia de masa muscular.

Preparación:

Disfruta de un delicioso batido y mezcla todos los ingredientes en una juguera o licuadora a alta velocidad.

Ingredientes:

- ¾ taza de leche (cualquier tipo que te gusta)
- ¼ taza de calabaza enlatada
- 1 cucharada de jarabe con sabor a tarta de calabazas.
- 1/2 cucharadita de especias de calabaza
- 10 cubos de hielo

Información nutricional:

- Calorías: 235
- Proteínas: 20 gr
- Carbohidratos: 17 gr
- Grasa: 1.5 gr

Día 35

Desayuno: Batido de manzana y arándanos

Batido impulsor de energía

Mantener un alto nivel de energía es el objetivo de esta jugada. También encontrarás algunas proteínas magras que te ayudarán, incluso si estás un poco cansado del día, o si desea atravesar un reto durante tu jornada.

Preparación:

Disfruta de un delicioso batido y mezcla todos los ingredientes en una juguera o licuadora a alta velocidad.

Ingredientes:

- 1/2 manzana pequeña cortada en trocitos (con piel)
- 1/2 taza de cerezas (oscuras, dulces, sin carozo)
- 1/2 taza de arándanos
- 4 cucharadas de germen de trigo
- Cubos de hielo (si desea)
- 1/2 taza de suero proteico

Información nutricional:

- Calorías: 300
- Proteínas: 39 gr
- Carbohidratos: 18 gr
- Grasa: 5 gr

Día 36

Desayuno: Cereza y Banana

Batido impulsor de energía

Dos grandes ingredientes a probar en un batido. Las cerezas y bananas proporcionan una gran fuente de fibra que tu cuerpo necesita cuando se toman grandes porciones de proteína. Prueba con esta bebida antes de cualquier sesión de entrenamiento de noche o de día.

Preparación:

Disfruta de un delicioso batido y mezcla todos los ingredientes en una juguera o licuadora a alta velocidad.

Ingredientes:

- 1/2 taza de cerezas (oscuras, dulces, sin caroso)
- 1/2 taza de banana
- 4 cucharadas de germen de trigo
- cubos de hielo (si desea)
- • 1/2 taza de suero proteico

Información nutricional:

- Calorías: 300
- Proteínas: 39 gr
- Carbohidratos: 18 gr
- Grasa: 5 gr

Día 37

Desayuno: Batido Huevo Manía

Batido para ganar masa muscular

Tienes una receta de batido para ganar masa muscular sin proteína sólida y aún con gran cantidad de ella. Los garbanzos le dan un color verde pero realmente no cambian el sabor. Esta es una gran combinación de proteínas y carbohidratos.

Preparación:

Disfruta de un delicioso batido y mezcla todos los ingredientes en una juguera o licuadora a alta velocidad.

Ingredientes:

- 4 claras de huevo
- 1/2 taza de queso cottage
- 1 banana
- 1/4 taza de garbanzos
- Rodajas de piña
- Leche de coco
- Se puede agregar extracto de coco
- Cubos de hielo

Información nutricional:

- Calorías: 280
- Proteínas: 25 gr
- Carbohidratos: 40 gr
- Grasa: 4 gr

Día 38

Desayuno: Batido extra proteico

Batido para ganar masa muscular

Aumenta el rendimiento del entrenamiento con la mayor cantidad de proteínas posibles diariamente. Este batido es rico en proteína y sabor.

Preparación:

Disfruta de un delicioso batido y mezcla todos los ingredientes en una juguera o licuadora a alta velocidad.

Ingredientes:

- 1/2 taza de agua
- 1 cucharada de proteína de suero de leche en polvo
- 2 cucharadas de miel
- 1 cucharada de mantequilla de maní suave
- 1/2 taza de hielo

Información nutricional:

- Calorías: 114
- Proteínas: 34 gr

- Carbohidratos: 5,2 gr
- Grasa: 4.5 gr

Día 39

Desayuno: Batido combinado de frutas

Batido para ganar masa muscular

Esta receta de batido puede reemplazar fácilmente el desayuno ya que tiene una porción saludable de alimentos para nutrir tu cuerpo. Tiene muchos de los nutrientes que tu cuerpo necesita para un comenzar muy bien la mañana. Proteínas y carbohidratos se incluyen en esta receta para darte energía y fuerza durante el entrenamiento.

Preparación:

Disfruta de un delicioso batido y mezcla todos los ingredientes en una juguera o licuadora a alta velocidad.

Ingredientes:

- 1/2 plátano picado

- 1/2 taza de fresas picadas

- 1 manzana pequeña

- 1 ciruela pequeña

- 1 taza de leche con chocolate

- 1 cucharada de mantequilla de maní suave

- 1 cucharada de proteína de suero de leche en polvo

Información nutricional:

• Calorías: 700

• Proteínas: 46 gr

• Carbohidratos: 90 gr

• Grasas: 20 gr

Día 40

Desayuno: Choco Batido

Batido para ganar masa muscular

Una gran manera de combinar el chocolate negro con la justa medida de ingredientes para obtener un batido que incrementará tu desempeño y ganancia de masa muscular.

Preparación:

Disfruta de un delicioso batido y mezcla todos los ingredientes en una juguera o licuadora a alta velocidad.

Ingredientes:

- 1 barra de chocolate oscuro/negro
- 4 huevos
- 3 tazas de leche
- 1 cucharada de proteína de suero de leche en polvo

Información nutricional:

- Calorías: 290
- Proteínas: 45 gr
- Carbohidratos: 37 gr
- Grasa: 19 gr

Día 41

Desayuno: Batido Un poco de todo

Batido para ganar masa muscular

Esta receta de batido es una excelente fuente de proteínas y fibras que tu cuerpo necesita. Está lleno de nutrientes y vitaminas que colaborarán en el crecimiento muscular y energético junto a tu entrenamiento.

Preparación:

Disfruta de un delicioso batido y mezcla todos los ingredientes en una juguera o licuadora a alta velocidad.

Ingredientes:

- 4 uvas, sin semillas
- Moras frescas: 0,5 gramos
- Arándanos frescos: 25 bayas
- Fresas frescas: 0,5 gramos
- Piña fresca: 1 rebanada fina (3 1/2" diámetro x 1/2" de espesor)
- Manzanas frescas: 10 gramos
- Yogurt natural bajo en grasa: 1/2 de un pote (4 onzas)
- Col rizada: 0,5 gramos

- Brócoli fresco: 1 tallo

- Naranjas: 0,5 gramos

- 1 cucharada de proteína de suero de leche en polvo

Información Nutricional:

- Calorías: 280

- Proteínas: 48g

- Carbohidratos: 31g

- Grasas: 4,2 g

Día 42

Desayuno: Batido Despierta ya

Batido para ganar masa muscular

Así es como debes comenzar el día, la energía será la palabra principal de este batido, pero decir solo eso sería un error, ya que aumenta tu masa muscular.

Preparación:

Disfruta de un delicioso batido y mezcla todos los ingredientes en una juguera o licuadora a alta velocidad.

Ingredientes:

- 1 banana fresca, mediana
- 2 porciones (60 grs) de copos de avena
- 1-2 cucharadas de mantequilla de maní
- 1 taza (250 ml) de yogur natural bajo en grasa (0% - 1.5%)
- ½ cucharada (o menos) de canela molida

Información nutricional:

- Calorías: 650
- Proteínas: 28 gr

- Carbohidratos: 85 gr

- Grasa: 10 gr

Día 43

Desayuno: Batido Tango Mango

Batido para ganar masa muscular

Este es un gran batido que puedes combinar con otros en el mismo día, y obtener una doble porción en un día, ya que es rico en fibra y bajo en grasa. Este batido magro ayudará a combatir el cansancio en el gimnasio y mejorará tu rendimiento.

Preparación:

Disfruta de un delicioso batido y mezcla todos los ingredientes en una juguera o licuadora a alta velocidad.

Ingredientes:

- 2 fresas grandes, frescas o congeladas
- 10 arándanos, frescos o congelados
- 1 taza de jugo de naranja
- 1/2 mango, fresco o congelado
- 1 cucharada de polvo de proteína de leche

Información nutricional:

- Calorías: 250

- Proteínas: 30,5 gr

- Carbohidratos: 52 gr

- Grasa: 8,4 gr

Día 44

Desayuno: Batido de piña y mandarina

Batido para ganar masa muscular

Para ganar masa muscular, no hay ningún secreto: ¡tienes que entrenar y comer bien! Tendrás que luchar si no tienes suficiente energía durante el entrenamiento, y es por eso que añadir ingredientes que te den un impulso cuando sea necesario, hará la diferencia cuando se trate de construir masa muscular fuerte.

Preparación:

Disfruta de un delicioso batido y mezcla todos los ingredientes en una juguera o licuadora a alta velocidad.

Ingredientes:

- 1/2 taza de piña, congelada en trozos
- 1/2 taza de mandarinas, conservada
- 2 cucharaditas de miel
- 1 cucharada de proteína de suero de leche en polvo

Información nutricional:

- Calorías: 150

- Proteínas: 39 gr

- Carbohidratos: 17 gr

- Grasas: 11 gr

Día 45

Desayuno: Batido de manzana y mantequilla de maní

Batido para ganar masa muscular

Los batidos pueden ser una gran fuente de calorías y energía, necesarios para aumentar masa muscular. Esta receta de un delicioso batido está hecha para ayudarte a aumentar tu masa muscular y mantener un alto nivel de energía.

Preparación:

Disfruta de un delicioso batido y mezcla todos los ingredientes en una juguera o licuadora a alta velocidad.

Ingredientes:

- 3/4 taza de yogur de vainilla o natural
- 2 cucharadas de mantequilla de maní
- 1 banana
- 1/8 taza de leche
- 3/4 taza de hielo
- 1 manzana

Información nutricional:

- Calorías: 440
- Proteínas: 22 gr
- Carbohidratos: 50 gr
- Grasa: 19 gr

Día 46

Desayuno: Batido de súper banana

Batido para ganar masa muscular

Las leches de almendra y vainilla harán de este un gran batido de proteínas. Promueve el crecimiento de masa muscular sin desequilibrar tu dieta. Puedes reducir o eliminar la canela para hacerlo a tu gusto.

Preparación:

Disfruta de un delicioso batido y mezcla todos los ingredientes en una juguera o licuadora a alta velocidad.

Ingredientes:

- 1/2 taza de leche de almendra y vainilla
- 1/2 taza de agua
- 1/2 plátano
- Pizca de canela
- 1 cucharada de proteína de vainilla en polvo

Inormación nutricional:

- Calorías: 350

- Proteínas: 43 gr
- Carbohidratos: 25 gr
- Grasa: 5 gr

Día 47

Desayuno: Batido Poder oscuro de avena

Batido para ganar masa muscular

La combinación de chocolate negro, queso cottage y avena, incrementará tu desarrollo muscular, y aumentará la energía que estabas buscando en el gimnasio mientras consigues mejorar la digestión y fortalecer tu corazón.

Preparación:

Disfruta de un delicioso batido y mezcla todos los ingredientes en una juguera o licuadora a alta velocidad.

Ingredientes:

- 1/2 taza de Queso Cottage (o 1 taza de yogurt griego)
- 1/2 - 1 taza de agua (dependiendo del espesor deseado) o leche
- 10g de chocolate oscuro/negro
- ½ taza de avena cruda
- 1/2 banana
- 1 cucharada de proteína de suero de leche en polvo

Información nutricional:

- Calorías: 150
- Proteínas: 40 gr
- Carbohidratos: 20 gr
- Grasa: 8 gr

Día 48

Desayuno: Batido Proteína de leche

Batido para ganar masa muscular

Construir y mantener tu masa muscular requiere aumentar los carbohidratos y proteínas para tener la energía necesaria para trabajar duro, ingredientes para permitir que los músculos se desarrollen plenamente.

Preparación:

Disfruta de un delicioso batido y mezcla todos los ingredientes en una juguera o licuadora a alta velocidad.

Ingredientes:

- 1 cucharada de polvo de proteína de leche
- 1/2 banana
- 1/2 taza de almendras rebanadas
- 8 onzas de leche
- 3 cubos de hielo

Información nutricional:

- Calorías: 335

- Proteínas: 31 gr

- Carbohidratos: 25 gr

- Grasas: 18 gr

Día 49

Desayuno: Batido de aguacate

Batido para ganar masa muscular

Los batidos de proteínas con verduras son poco frecuentes, pero deben ser normales dado el valor que aportan a tu dieta y tu cuerpo. El aguacate es considerado por algunos como un "súper alimento" y es ideal para tu cuerpo.

Preparación:

Disfruta de un delicioso batido y mezcla todos los ingredientes en una juguera o licuadora a alta velocidad.

Ingredientes:

- 1/2 aguacate
- 1 cucharada de coco rallado
- 1 taza de leche de almendra
- 1 cucharada de proteína de suero de leche en polvo

Información nutricional:

- Calorías: 300
- Proteínas: 35 gr

- Carbohidratos: 20 gr
- Grasa: 8 gr

Día 50

Desayuno: Batido Muy de bayas

Batido para ganar masa muscular

Una completa combinación de bayas y proteínas para mejorar el crecimiento muscular y la recuperación en un solo batido. El sabor es magnífico y los resultados son incluso mejores cuando lo que necesitas es entrenar duro y deseas ver resultados.

Preparación:

Disfruta de un delicioso batido y mezcla todos los ingredientes en una juguera o licuadora a alta velocidad

Ingredientes:

- ½ taza de fresas

- ¼ taza mezclada de bayas (frambuesas, arándanos y moras)

- ¼ taza de jugo de granada orgánica

- ¼ de taza de jugo de uva orgánico

- Un puñado de rodajas de almendras para relleno

- 1 cucharada de proteína de suero de leche en polvo

Información nutricional:

- Calorías: 200

- Proteínas: 31 gr

- Carbohidratos: 19 gr

- Grasa: 1 gr

OTROS GRANDES TÍTULOS DEL AUTOR

35 Recetas de Cocina para Diabéticos

Por Joseph Correa

35 Recetas para Bajar tu Presión Arterial

Por Joseph Correa

50 Jugos para Adelgazar

Por Joseph Correa

www.ingramcontent.com/pod-product-compliance
Lightning Source LLC
Chambersburg PA
CBHW070443090526
44586CB00046B/1977